skola - iskola	2
ceļojums - utazás	5
transports - közlekedés	8
pilsēta - város	10
ainava - táj	14
restorāns - étterem	17
lielveikals - szupermarket	20
dzērieni - italok	22
ēdiens - étel	23
zemnieku saimniecība - gazdálkodás	27
māja - ház	31
viesistaba - nappali	33
virtuve - konyha	35
vannas istaba - fürdőszoba	38
bērnu istaba - gyerekszoba	42
apģērbs - ruházat	44
birojs - iroda	49
ekonomika - gazdaság	51
profesijas - foglalkozások	53
instrumenti - szerszámok	56
mūzikas instrumenti - hangszerek	57
zooloģiskais dārzs - állatkert	59
sports - sportok	62
darbības - tevékenységek	63
ģimene - család	67
ķermenis - test	68
slimnīca - kórház	72
ārkārtas gadījums - vészhelyzet	76
zeme - föld	77
pulkstenis - óra	79
nedēļa - hét	80
gads - év	81
formas - alakzatok	83
krāsas - színek	84
pretstati - ellentétek	85
skaitļi - számok	88
Valodas - nyelvek	90
kas / ko / kā - ki / mi / hogyan	91
kur - hol	92

Impressum
Verlag: BABADADA GmbH, Nedderfeld 112 , 22529 Hamburg
Geschäftsführer / Verlagsleitung: Harald Hof
Druck: Books on Demand GmbH, In de Tarpen 42, 22848 Norderstedt

Imprint
Publisher: BABADADA GmbH, Nedderfeld 112 , 22529 Hamburg, Germany
Managing Director / Publishing direction: Harald Hof
Print: Books on Demand GmbH, In de Tarpen 42, 22848 Norderstedt, Germany

skola
iskola

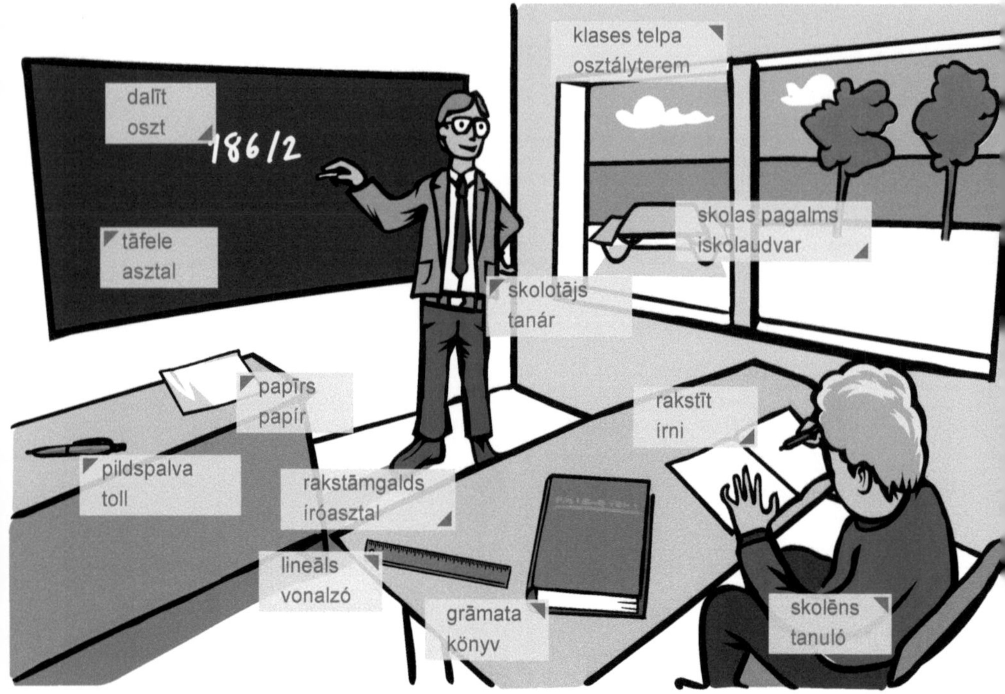
klases telpa
osztályterem
dalīt
oszt
186/2
tāfele
asztal
skolas pagalms
iskolaudvar
skolotājs
tanár
papīrs
papír
rakstīt
írni
pildspalva
toll
rakstāmgalds
íróasztal
lineāls
vonalzó
grāmata
könyv
skolēns
tanuló

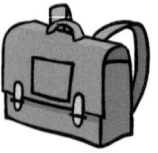

skolas soma
iskolatáska

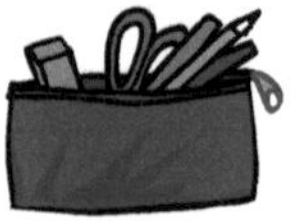

penālis
tolltartó

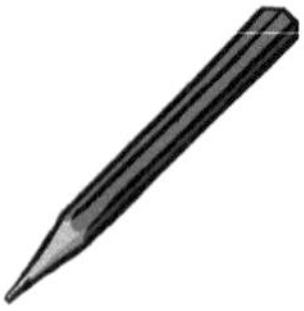

zīmulis
ceruza

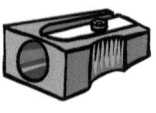

zīmuļu asināmais
ceruzahegyező

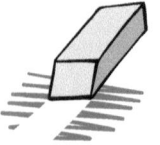

dzēšgumija
radír

zīmēšanas bloks
rajzfüzet

zīmējums
rajz

ota
ecset

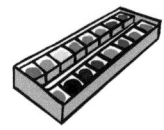

krāsas
festőkészlet

šķēres
olló

līme
ragasztó

darba burtnīca
munkafüzet

mājas darbs
házi feladat

12

skaitlis
szám

2+2

saskaitīt
összead

5-2

atņemt
kivon

2×2

reizināt
szoroz

rēķināt
számol

A

burts
betű

ABCDEFG
HIJKLMN
OPQRSTU
VWXYZ

alfabēts
ABC

vārds
szó

teksts

szöveg

lasīt

olvasni

krīts

kréta

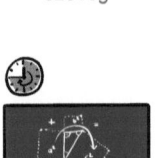

mācību stunda

tanóra

žurnāls

napló

eksāmens

vizsga

liecība

bizonyítvány

skolas forma

iskolai egyenruha

izglītība

oktatás

enciklopēdija

enciklopédia

universitāte

egyetem

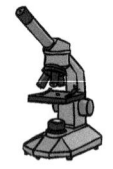

mikroskops

mikroszkóp

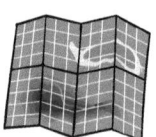

karte

térkép

papīrgrozs

papír-hulladék gyűjtő

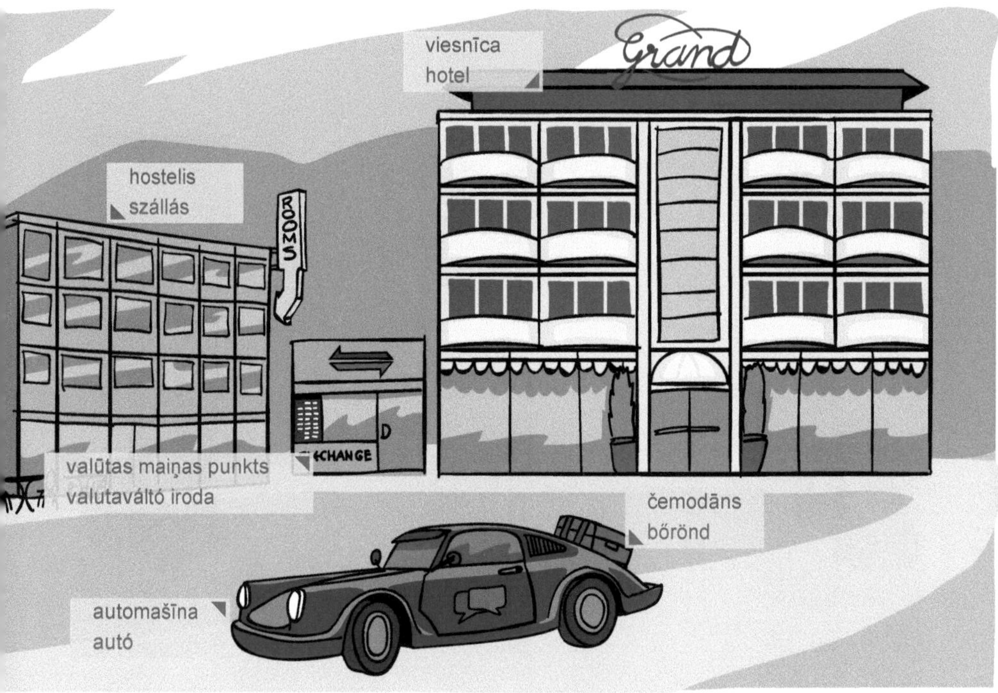

viesnīca
hotel
Grand
hostelis
szállás
ROOMS
€CHANGE
valūtas maiņas punkts
valutaváltó iroda
čemodāns
bőrönd
automašīna
autó

Valoda

nyelv

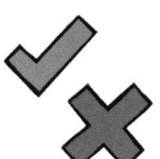

jā / nē

igen/nem

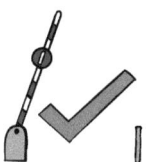

Okay

rendben

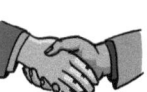

Sveiki!

szia

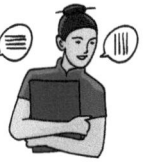

tulks

fordító

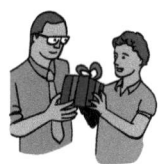

paldies

köszönöm

Cik maksā...?

mennyibe kerül...?

Es nesaprotu

nem értem

problēma

probléma

Labvakar!

Jó estét!

Labrīt!

jó reggelt!

Ar labu nakti!

jó éjszakát!

Uz redzēšanos

viszontlátásra

virziens

útirány

bagāža

poggyász

soma

táska

mugursoma

hátizsák

viesis

vendég

istaba

szoba

guļammaiss

hálózsák

telts

sátor

tūrisma informācija

turista információ

pludmale

strand

kredītkarte

hitelkártya

brokastis

reggeli

pusdienas

ebéd

vakariņas

vacsora

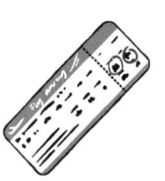

biļete

jegy

lifts

lift

pastmarka

bélyeg

robeža

határ

muita

vám

vēstniecība

nagykövetség

vīza

vízum

pase

útlevél

transports
közlekedés

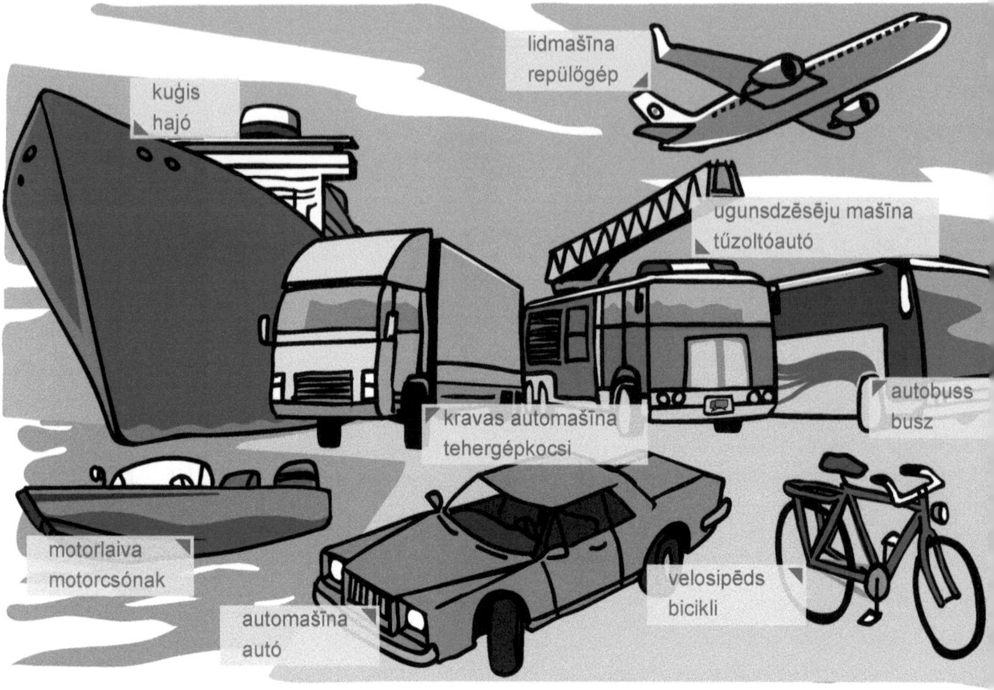

lidmašīna
repülőgép
kuģis
hajó
ugunsdzēsēju mašīna
tűzoltóautó
autobuss
busz
kravas automašīna
tehergépkocsi
motorlaiva
motorcsónak
velosipēds
bicikli
automašīna
autó

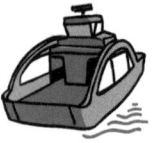

prāmis
....
komp

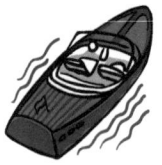

laiva
....
csónak

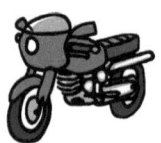

motocikls
....
motorkerékpár

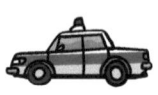

policijas automašīna
....
rendőrautó

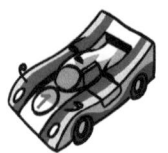

sacīkšu automobilis
....
versenyautó

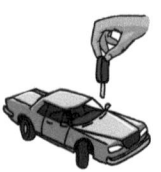

nomas auto
....
bérautó

auto koplietošana

telekocsi

evakuators

vontató

atkritumu mašīna

szemetes autó

dzinējs

motor

benzīns

üzemanyag

degvielas uzpildes stacija

benzinkút

ceļa zīme

közlekedési tábla

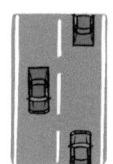

satiksme

forgalom

sastrēgums

forgalmi dugó

stāvvieta

parkoló

dzelzceļa stacija

vonatállomás

sliedes

sínek

vilciens

vonat

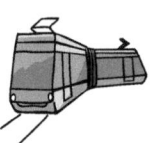

tramvajs

villamos

vagons

vagon

helikopters

helikopter

lidosta

repülőtér

tornis

torony

pasažieris

utas

konteiners

konténer

kaste

kartondoboz

ratiņi

taliga

grozs

kosár

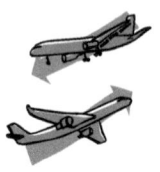

pacelties / nosēsties

felszáll / leszáll

pilsēta

város

ciems

falu

pilsētas centrs

városközpont

māja

ház

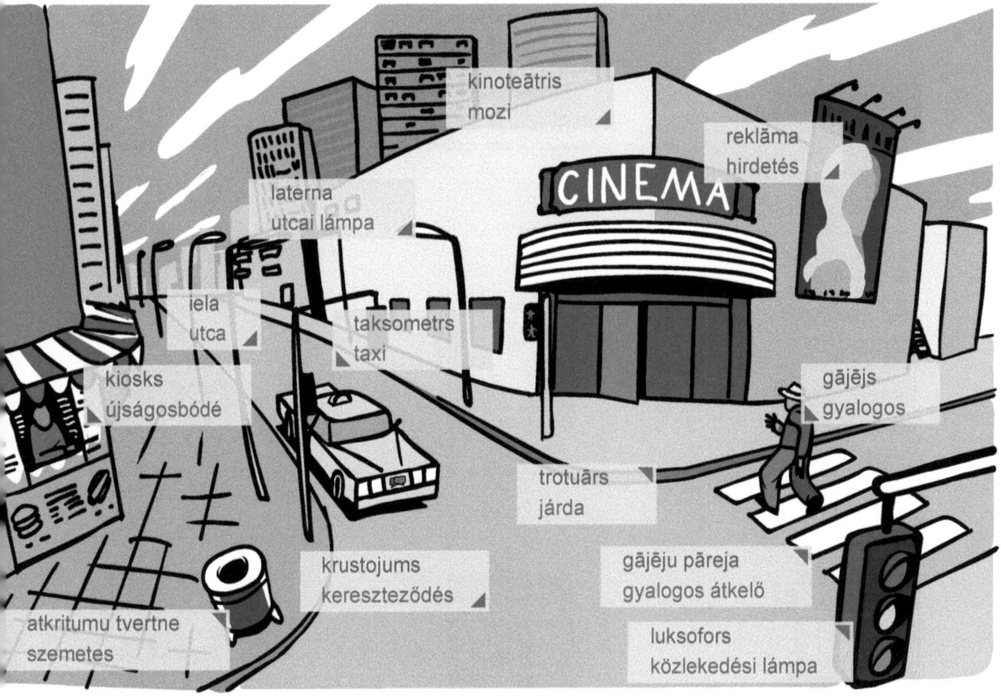

kinoteātris
mozi

reklāma
hirdetés

laterna
utcai lámpa

CINEMA

iela
utca

taksometrs
taxi

kiosks
újságosbódé

gājējs
gyalogos

trotuārs
járda

krustojums
kereszteződés

gājēju pāreja
gyalogos átkelő

atkritumu tvertne
szemetes

luksofors
közlekedési lámpa

būda
kunyhó

dzīvoklis
lakás

dzelzceļa stacija
vonatállomás

rātsnams
városháza

muzejs
múzeum

skola
iskola

universitāte

egyetem

banka

bank

slimnīca

kórház

viesnīca

hotel

aptieka

gyógyszertár

birojs

iroda

grāmatnīca

könyvesbolt

veikals

üzlet

ziedu veikals

virágüzlet

lielveikals

szupermarket

tirgus

piac

tirdzniecības centrs

áruház

zivju tirgotājs

halárus

tirdzniecības centrs

bevásárló központ

osta

kikötő

parks
park

sols
pad

tilts
híd

kāpnes
lépcső

metro
metró

tunelis
alagút

autobusa pieturvieta
buszmegálló

bārs
bár

restorāns
étterem

pastkastīte
postaláda

ielas nosaukuma plāksne
utcatábla

stāvlaika skaitītājs
parkoló óra

zooloģiskais dārzs
állatkert

peldbaseins
uszoda

mošeja
mecset

zemnieku saimniecība
gazdálkodás

vides piesārņojums
környezetszennyezés

kapsēta
temető

baznīca
templom

spēļu laukums
játszótér

templis
szentély

ainava
táj

lapa
levél

ceļrādis
útjelző tábla

ceļš
út

pļava
rét

akmens
kő

koks
fa

ceļotājs
túrázó

upe
folyó

zāle
fű

puķe
virág

ieleja
völgy

kalns
domb

ezers
tó

mežs
erdő

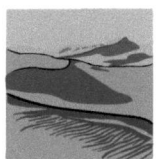

tuksnesis
sivatag

vulkāns
vulkán

pils
kastély

varavīksne
szivárvány

sēne
gomba

palma
pálmafa

moskīts
szúnyog

muša
légy

skudra
hangya

bite
méhecske

zirneklis
pók

vabole

bogár

varde

béka

vāvere

mókus

ezis

sündisznó

zaķis

nyúl

pūce

bagoly

putns

madár

gulbis

hattyú

meža cūka

vaddisznó

briedis

szarvas

alnis

rénszarvas

aizsprosts

gát

vēja ģenerators

szélturbina

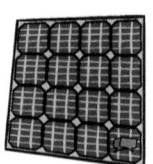

saules baterija

napelem

klimats

éghajlat

restorāns
étterem

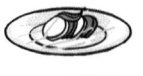

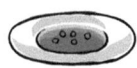

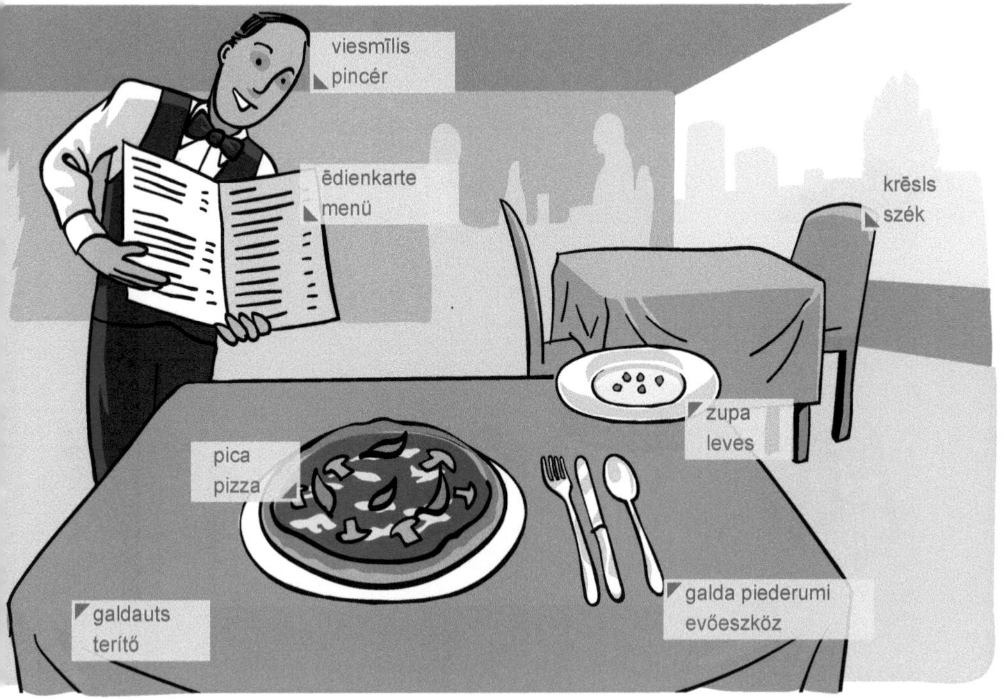

viesmīlis
pincér
ēdienkarte
menü
krēsls
szék
zupa
leves
pica
pizza
galda piederumi
evőeszköz
galdauts
terítő

uzkoda
előétel

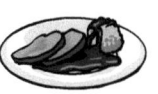

pamatēdiens
főétel

deserts
desszert

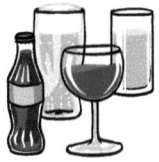

dzērieni
italok

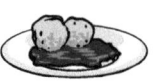

ēdiens
étel

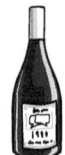

pudele
üveg

ātrās uzkodas

gyorsétel

ielu uzkodas

gyorsétel

tējkanna

teás kanna

cukurtrauks

cukortartó

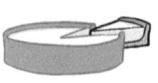

porcija

adag

espresso kafijas automāts

eszpresszógép

bāra krēsls

bárszék

rēķins

számla

paplāte

tálca

nazis

kés

dakša

villa

karote

kanál

tējkarote

teáskanál

salvete

szalvéta

glāze

pohár

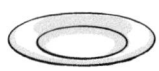

šķīvis
tányér

zupas šķīvis
leveses tányér

apakštase
csészealj

mērce
szósz

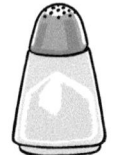

sāls trauciņš
sószóró

piparu dzirnaviņas
borsőrlő

etiķis
ecet

eļļa
étkezési olaj

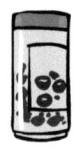

garšvielas
fűszerek

kečups
ketchup

sinepes
mustár

majonēze
majonéz

lielveikals
szupermarket

piedāvājums
különleges ajánlat
klients
ügyfél
piena produkti
tejtermék
augļi
gyümölcsök
iepirkumu ratiņi
bevásárló kocsi
FOR

BUTCHERS

kautuve

hentes

BAKERY

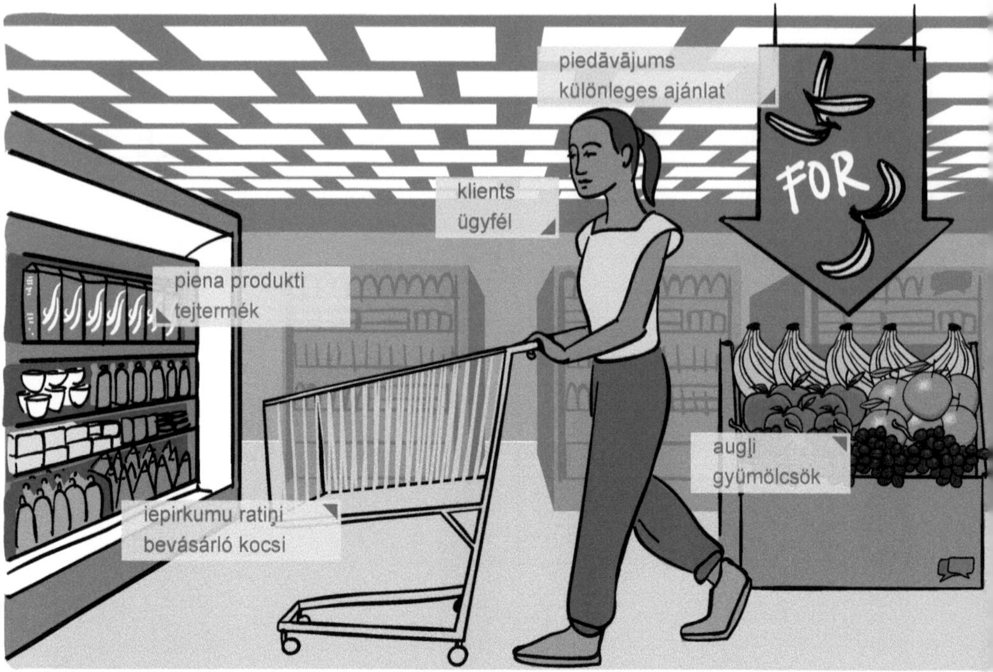

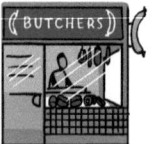

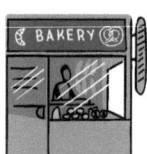

maizes veikals

pékség

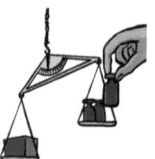

svērt

nyom valamennyit

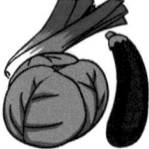

dārzeņi

zöldség

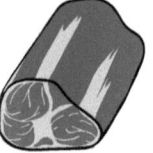

gaļa

hús

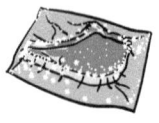

saldēti produkti

fagyasztott áru

aukstās gaļas uzkodas

felvágott

konservi

konzerv

pulveris

mosópor

saldumi

édességek

mājsaimniecības preces

háztartási termék

tīrīšanas līdzeklis

tisztítószerek

pārdevēja

eladó

kase

pénztárgép

kasieris

eladó

iepirkumu saraksts

bevásárló lista

darba laiks

nyitva tartás

maks

levéltárca

kredītkarte

hitelkártya

soma

zacskó

maisiņš

műanyag zacskó

ūdens

víz

sula

gyümölcslé

piens

tej

kola

kóla

vīns

bor

alus

sör

alkohols

alkohol

kakao

kakaó

tēja

tea

kafija

kávé

espresso

eszpresszó

kapučīno

kapucsínó

banāns
banán

ābols
alma

apelsīns
narancs

melone
sárgadinnye

citrons
citrom

burkāns
sárgarépa

ķiploks
fokhagyma

bambuss
bambusz

sīpols
hagyma

sēne
gomba

rieksti
magvak

makaroni
nokedli

spageti

spagetti

rīsi

rizs

salāti

saláta

frī kartupeļi

sült krumpli

cepti kartupeļi

sült burgonya

pica

pizza

hamburgers

hamburger

sviestmaize

szendvics

šnicele

hússzelet

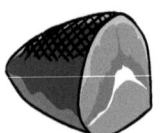

šķiņķis

sonka

salami

szalámi

desa

kolbász

vista

csirke

cepetis

pecsenye

zivs

hal

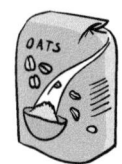

auzu pārslas

zabkása

muslis

müzli

brokastu pārslas

kukoricapehely

milti

liszt

radziņš

croissant

brokastu maizītes

zsemle

maize

kenyér

tostermaize

pirítós kenyér

cepumi

keksz

sviests

vaj

biezpiens

túró

kūka

sütemény

ola

tojás

cepta ola

tükörtojás

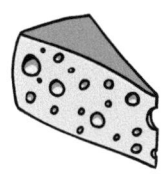

siers

sajt

saldējums

jégkrém

cukurs

cukor

medus

méz

marmelāde

lekvár

riekstu krēms

mogyorókrém

karijs

curry

zemnieku saimniecība

gazdálkodás

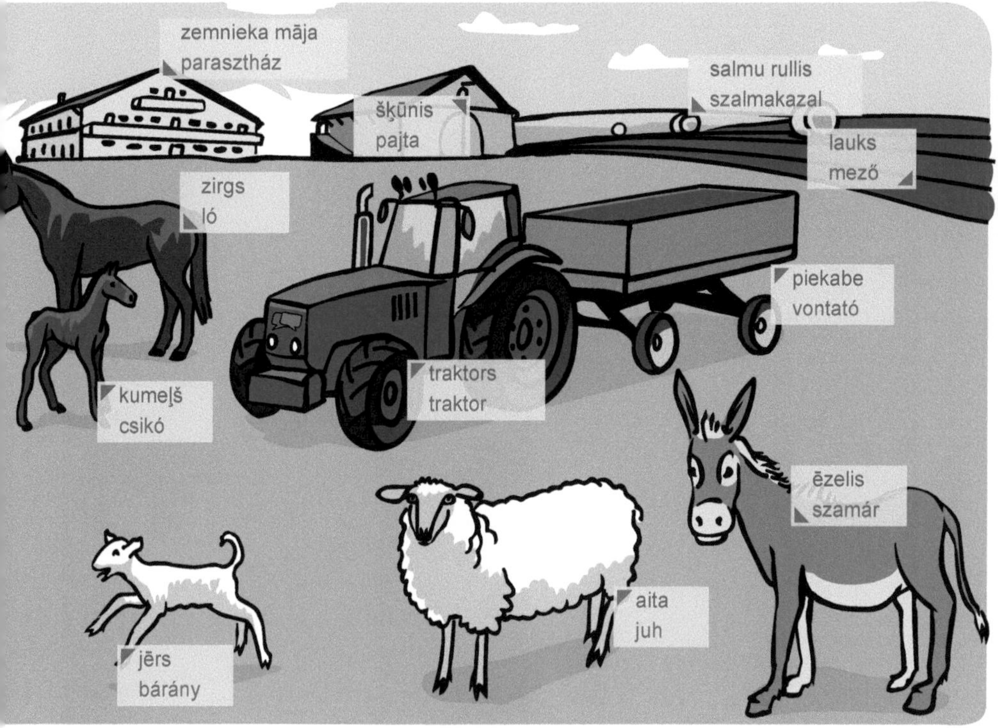

zemnieka māja
parasztház
šķūnis
pajta
salmu rullis
szalmakazal
lauks
mező
zirgs
ló
piekabe
vontató
kumeļš
csikó
traktors
traktor
ēzelis
szamár
aita
juh
jērs
bárány

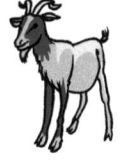

kaza
kecske

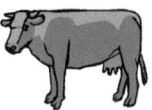

govs
tehén

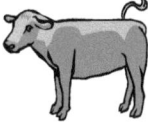

teļš
borjú

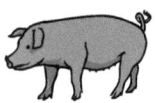

cūka
malac

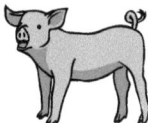

sivēns
kismalac

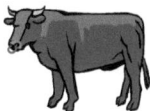

bullis
bika

zoss

liba

pīle

kacsa

cālis

csibe

vista

tojó

gailis

kakas

žurka

patkány

kaķis

macska

pele

egér

vērsis

ökör

suns

kutya

suņa būda

kutyaház

dārza šļūtene

kerti öntözőcső

lejkanna

öntözőkanna

izkapts

kasza

arkls

eke

sirpis

sarló

kaplis

kapa

mēslu dakša

vasvilla

cirvis

fejsze

ķerra

talicska

sile

teknő

piena kanna

tejes kancsó

maiss

zsák

žogs

kerítés

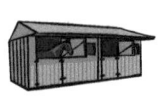

kūts

istálló

siltumnīca

üvegház

augsne

talaj

sēklas

vetőmag

mēslojums

trágya

kombains

cséplőgép

novākt ražu

szüretelni

raža

betakarítás

jamss

yamgyökér

kvieši

búza

soja

szója

kartupelis

burgonya

kukurūza

kukorica

rapsis

repcemag

augļu koks

gyümölcsfa

manioka

manióka

labība

gabona

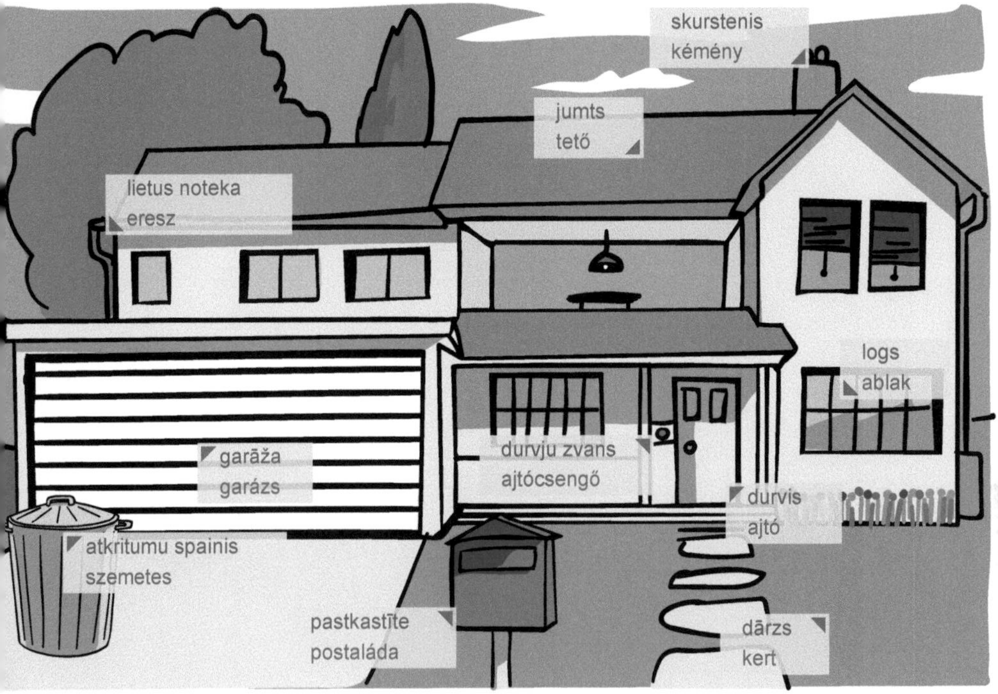

skurstenis
kémény

jumts
tető

lietus noteka
eresz

logs
ablak

garāža
garázs

durvju zvans
ajtócsengő

durvis
ajtó

atkritumu spainis
szemetes

pastkastīte
postaláda

dārzs
kert

viesistaba

nappali

vannas istaba

fürdőszoba

virtuve

konyha

guļamistaba

hálószoba

bērnu istaba

gyerekszoba

ēdamistaba

ebédlő

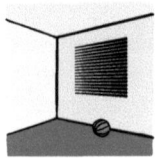

grīda

padló

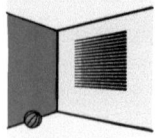

siena

fal

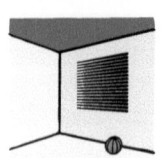

griesti

plafon

pagrabs

pince

sauna

szauna

balkons

erkély

terase

terasz

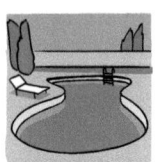

baseins

medence

zāles pļāvējs

fűnyíró

gultas veļa

lepedő

sega

ágytakaró

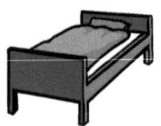

gulta

ágy

slota

seprű

spainis

vödör

slēdzis

kapcsoló

viesistaba
nappali

tapetes
tapéta
attēls
kép
lampa
lámpa
plaukts
polc
skapis
szekrény
televizors
televízió
kamīns
kandalló
puķe
virág
spilvens
párna
dīvāns
kanapé
vāze
váza
tālvadības pults
távirányító

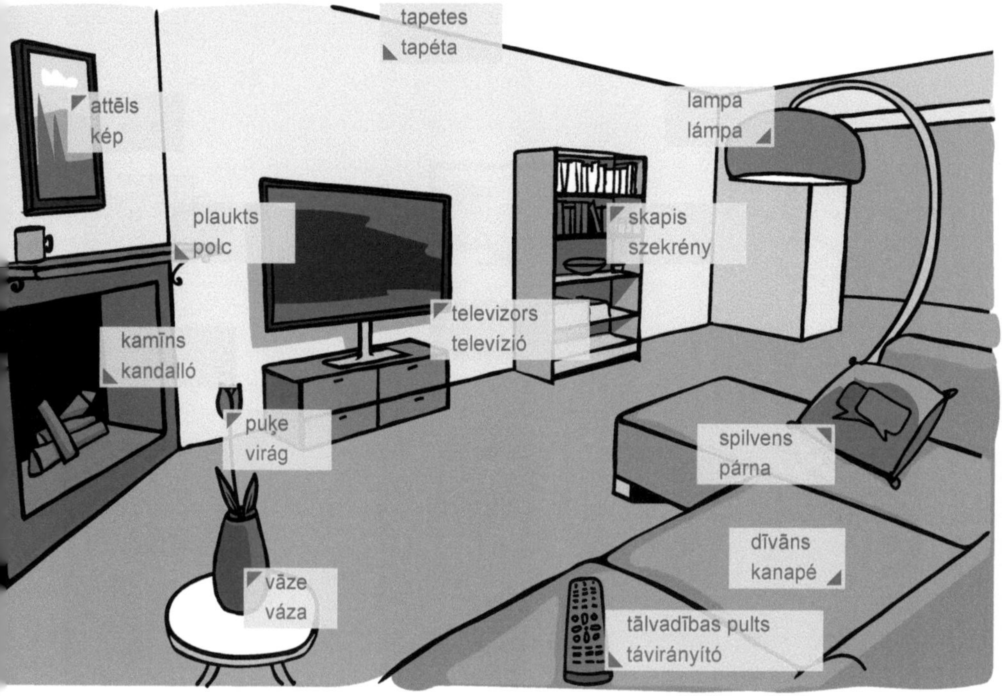

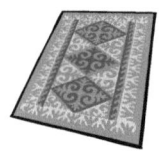

paklājs
szőnyeg

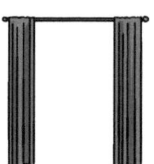

aizkars
függöny

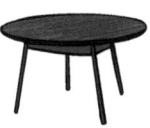

galds
asztal

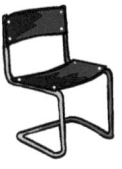

krēsls
szék

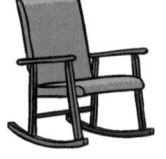

šūpuļkrēsls
hintaszék

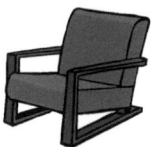

atpūtas krēsls
karosszék

grāmata

könyv

sega

takaró

dekorācija

dekoráció

malka

tűzifa

filma

film

mūzikas centrs

hifi

atslēga

kulcs

avīze

újság

glezna

festmény

plakāts

poszter

radio

rádió

pierakstu blociņš

jegyzetfüzet

putekļu sūcējs

porszívó

kaktuss

kaktusz

svece

gyertya

virtuve
konyha

ledusskapis
hűtőgép
mikroviļņu krāsns
mikrohullámú sütő
virtuves svari
konyhai mérleg
tosteris
kenyérpirító
tīrīšanas līdzekļi
tisztítószer
cepeškrāsns
tűzhely
saldēšanas kamera
fagyasztó
atkritumu spainis
szemetes
trauku mazgājamā mašīna
mosogatógép

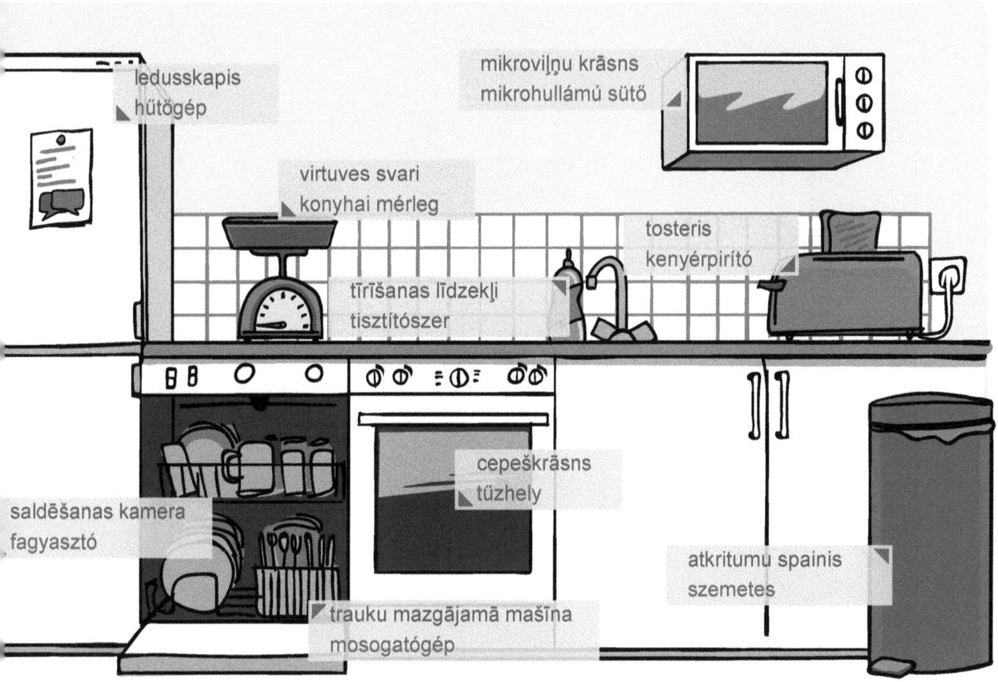

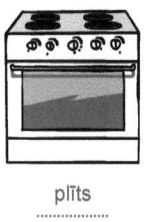

plīts

tűzhely

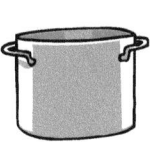

pods

edény

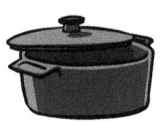

katls

vasfazék

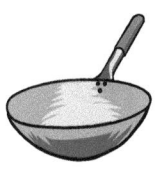

Wok panna

wok / kadai

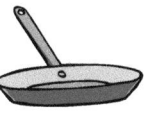

panna

serpenyő

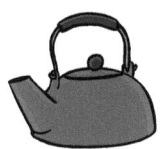

elektriskā tējkanna

vízforraló

tvaika katls

pároló

cepešpanna

tepsi

trauki

étkészlet

krūze

bögre

bļoda

tálka

irbulīši

evőpálcika

kauss

merőkanál

lāpstiņa

keverőlapátka

putošanas slotiņa

habverő

sietiņš

szűrő

siets

szita

rīve

reszelő

piesta

mozsár

grilēt

grillsütő

atklāts pavards

kandalló

dēlis
vágódeszka

mīklas rullis
sodrófa

korķu vilķis
dugóhúzó

bundža
doboz

konservu nazis
konzervnyitó

virtuves cimdi
edényfogó

izlietne
mosogató

birste
kefe

sūklis
szivacs

mikseris
turmixgép

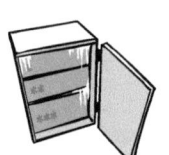

saldētava
mélyhűtő

bērna pudelīte
cumisüveg

ūdenskrāns
csap

apkure
fűtés

duša
zuhany

dvielis
törölköző

dušas aizkari
zuhanyfüggöny

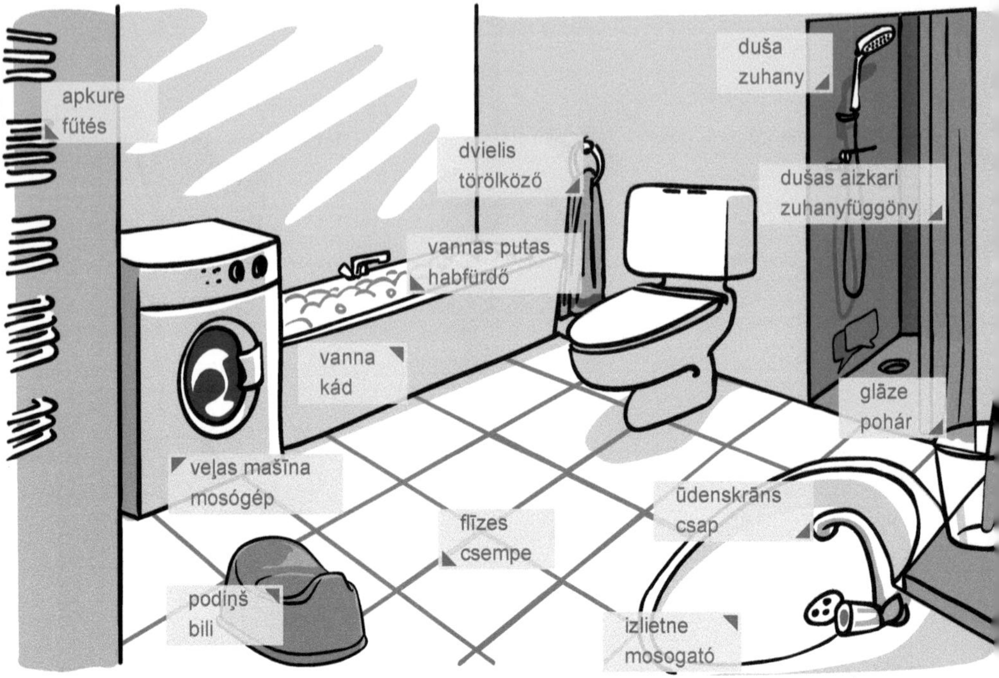

vannas putas
habfürdő

vanna
kád

glāze
pohár

veļas mašīna
mosógép

ūdenskrāns
csap

flīzes
csempe

podiņš
bili

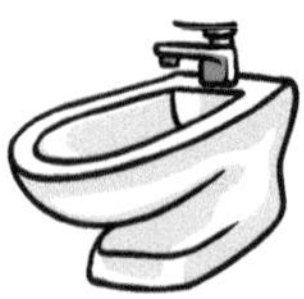

izlietne
mosogató

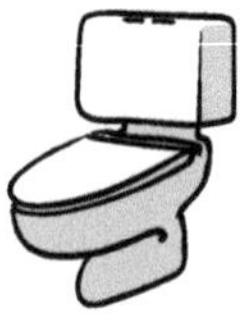

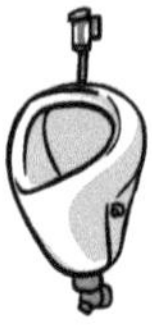

tualetes pods	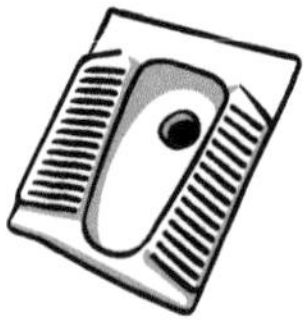 Āzijas tipa tualete	bidē
toalett	guggolós toalett	bidé
pisuārs	tualetes papīs	tualetes birste
piszoár	toalett papír	wc kefe

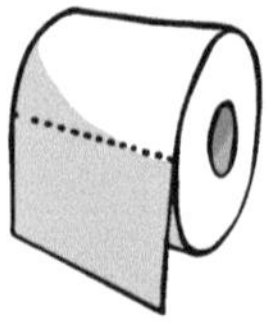

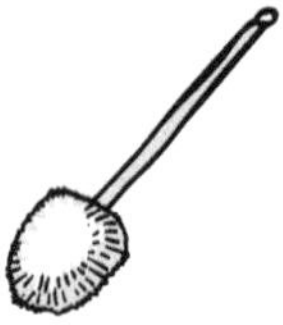

zobu birste

fogkefe

zobu pasta

fogkrém

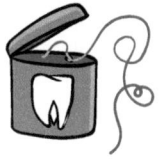

zobu diegs

fogselyem

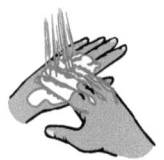

mazgāt

mosni

rokas duša

kézi zuhany

duša

intimzuhany

bļoda

mosdótál

muguras mazgāšanas birste

hátmosó kefe

ziepes

szappan

dušas želeja

tusfürdő

šampūns

sampon

mazgāšanas drāna

mosdókesztyű

noteka

lefolyó

krēms

krém

dezodorants

dezodor

spogulis

tükör

spogulītis

kézitükör

skuveklis

borotva

skūšanās putas

borotvahab

losjons pēc skūšanās

borotválkozás utáni
arcszesz

ķemme

fésű

matu suka

hajkefe

matu fēns

hajszárító

matu laka

hajlakk

grima komplekts

smink

lūpu krāsa

ajakrúzs

nagulaka

körömlakk

vate

vatta

šķērītes

körömvágó olló

smaržas

parfüm

kosmētikas maks
....
neszesszer

ķeblītis
....
sámli

svari
....
mérleg

halāts
....
köntös

tīrīšanas cimdi
....
gumikesztyű

tampons
....
tampon

pakete
....
egészségügyi betét

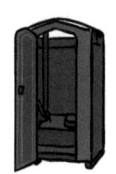

ķīmiskā tualete
....
vegyi WC

bērnu istaba
gyerekszoba

modinātājs
ébresztő óra
mīkstā rotaļlieta
plüssállat
spēļu automašīna
játékautó
grabulis
csörgő
leļļu māja
babaház
dāvana
ajándék

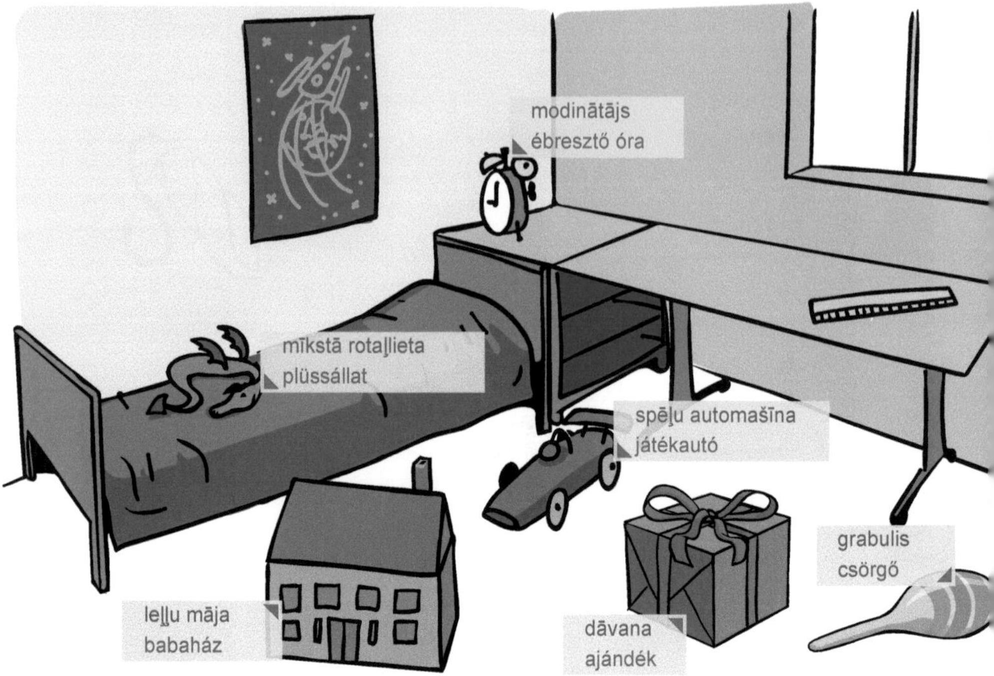

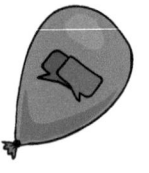

balons

lufi

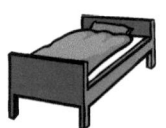

gulta

ágy

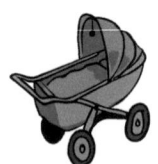

bērnu ratiņi

babakocsi

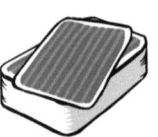

kārtis

kártyapakli

puzle

kirakós játék

SUPER
MEGA

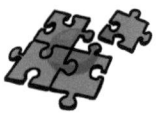

komikss

képregény

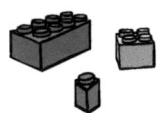

LEGO klucīši

építőkockák

klucīši

építőelem

varoņu figūra

szuperhős

rāpulītis

rugdalózó

lidojošais šķīvītis

frizbi

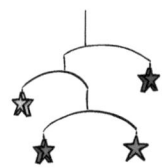

muzikālais karuselis

zenélő forgó

galda spēle

társasjáték

metamais kauliņš

kocka

rotaļu dzelzceļš

modellvasút

māneklis

cumi

ballīte

zsúr

bilžu grāmata

képeskönyv

bumba

labda

lelle

baba

spēlēt

játszani

smilšu kaste

homokozó

šūpoles

hinta

rotaļlietas

játékok

spēļu konsole

videójáték konzol

trīsritenis

tricikli

plīša lācītis

teddi maci

drēbju skapis

ruhásszekrény

īszeķes

zokni

zeķes

harisnya

zeķbikses

harisnyanadrág

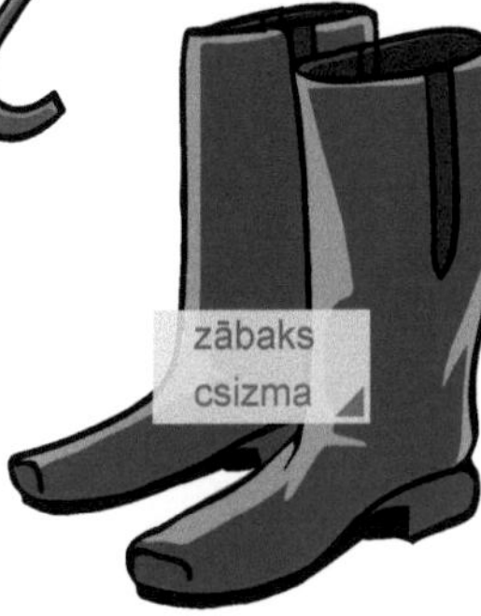

šalle
sál

lietussargs
esernyő

T-krekls
póló

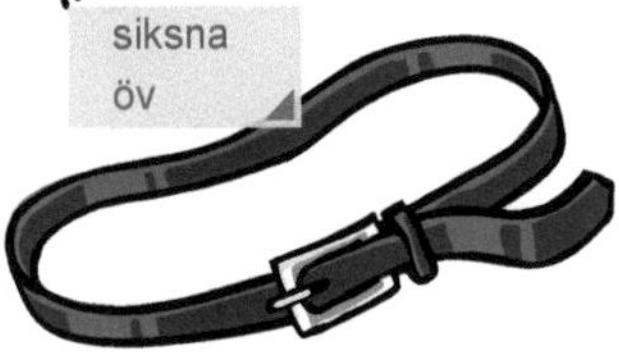

siksna
öv

zābaks
csizma

čības
papucs

botas
tornacipő

sandales	kurpes	gumijas zābaki
szandál	cipő	gumicsizma

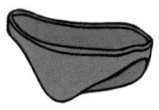

apakšbikses	krūšturis	apakškrekls
alsónadrág	melltartó	mellény

bodijs
body

bikses
nadrág

džinsi
farmer

svārki
szoknya

blūze
blúz

krekls
ing

pulovers
pulóver

džemperis
kapucnis pulóver

žakete
blézer

jaka
dzseki

mētelis
kabát

lietus mētelis
esőkabát

kostīms
kosztüm

kleita
ruha

kāzu kleita
esküvői ruha

uzvalks

öltöny

naktskrekls

hálóing

pidžama

pizsama

sari

szári

lakats

fejkendő

turbāns

turbán

burka

burka

kaftāns

kaftán

abaja

abaya

peldkostīms

fürdőruha

peldbikses

fürdőnadrág

šorti

rövidnadrág

treniņtērps

tréningruha

priekšauts

kötény

cimdi

kesztyű

poga

gomb

brilles

szemüveg

rokassprādze

karkötő

kaklarota

nyaklánc

gredzens

gyűrű

auskars

fülbevaló

cepure

sapka

drēbju pakaramais

vállfa

platmale

kalap

kaklasaite

nyakkendő

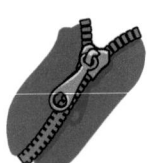

rāvējslēdzējs

cipzár

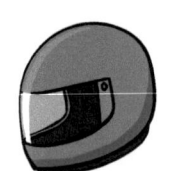

ķivere

bukósisak

bikšturi

nadrágtartó

skolas forma

iskolai egyenruha

uniforma

egyenruha

priekšautiņš
....
előke

māneklis
....
cumi

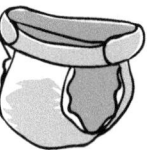

autiņbiksītes
....
pelenka

birojs
iroda

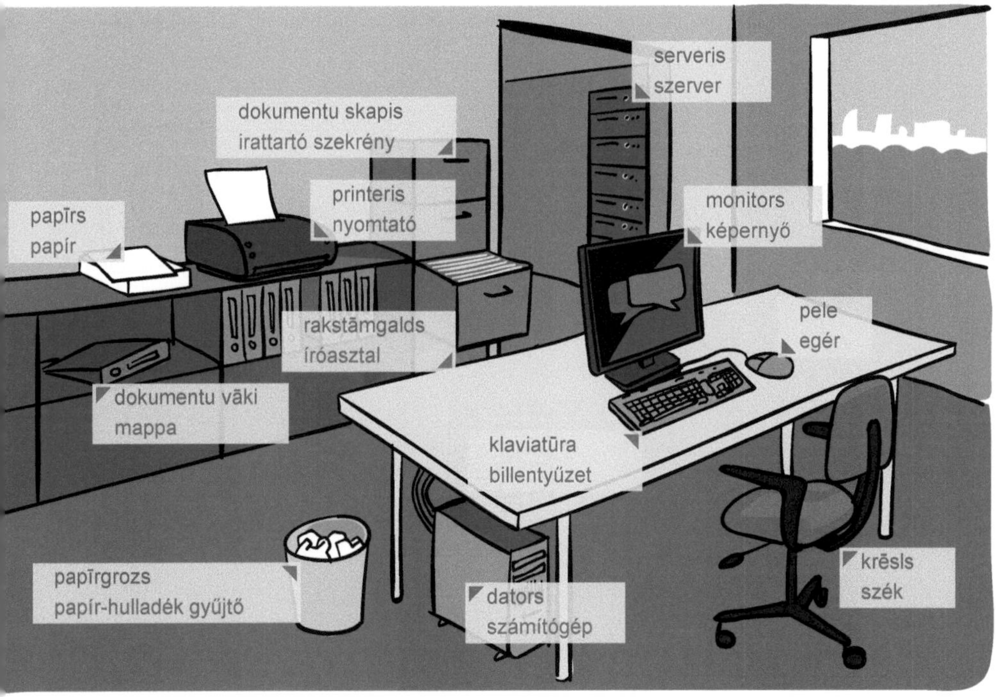

serveris
szerver

dokumentu skapis
irattartó szekrény

printeris
nyomtató

monitors
képernyő

papīrs
papír

rakstāmgalds
íróasztal

pele
egér

dokumentu vāki
mappa

klaviatūra
billentyűzet

papīrgrozs
papír-hulladék gyűjtő

dators
számítógép

krēsls
szék

kafijas krūze
....
kávéscsésze

kalkulators
....
számológép

internets
....
internet

portatīvais dators

laptop

vēstule

levél

ziņa

üzenet

mobilais tālrunis

mobiltelefon

tīkls

hálózat

kopētājs

fénymásoló

programmatūra

szoftver

telefons

telefon

rozete

konnektor

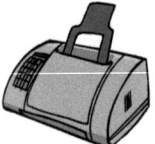

faksa aparāts

faxgép

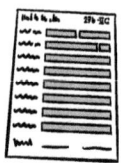

formulārs

formanyomtatvány

dokuments

dokumentum

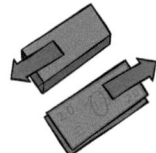

pirkt
venni

samaksāt
fizetni

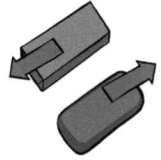

tirgot
kereskedni

nauda
pénz

 USD

dolārs
dollár

 EUR

eiro
euró

JPY

jēna
jen

RUB

rublis
rubel

CHF

franks
svájci frank

CNY

juaņa renminbi
kínai jüan

INR

rūpija
rúpia

bankomāts
bankautomata

valūtas maiņas punkts

valutaváltó iroda

zelts

arany

sudrabs

ezüst

nafta

olaj

enerģija

energia

cena

ár

līgums

szerződés

nodoklis

adó

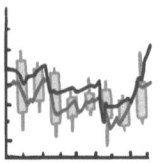

akcija

részvény

strādāt

dolgozni

darbinieks

munkavállaló

darba devējs

munkaadó

fabrika

gyár

veikals

üzlet

ugunsdzēsējs
tűzoltó

policists
rendőr

pavārs
szakács

ārsts
orvos

pilots
pilóta

dārznieks

kertész

galdnieks

kárpitos

šuvēja

varrónő

tiesnesis

bíró

ķīmiķis

vegyész

aktieris

színész

autobusa vadītājs
buszsofőr

taksometra vadītājs
taxisofőr

zvejnieks
halász

apkopēja
bejárónő

jumiķis
tetőfedő

viesmīlis
pincér

mednieks
vadász

gleznotājs
festő

maiznieks
pék

elektriķis
villanyszerelő

celtnieks
építőmunkás

inženieris
mérnök

miesnieks
hentes

skārdnieks
vízvezeték-szerelő

pastnieks
postás

karavīrs
katona

arhitekts
építész

kasieris
eladó

florists
virágos

frizieris
fodrász

konduktors
kalauz

mehāniķis
műszerész

kapteinis
kapitány

zobārsts
fogorvos

zinātnieks
tudós

rabīns
rabbi

imāms
imám

mūks
szerzetes

mācītājs
lelkész

instrumenti

szerszámok

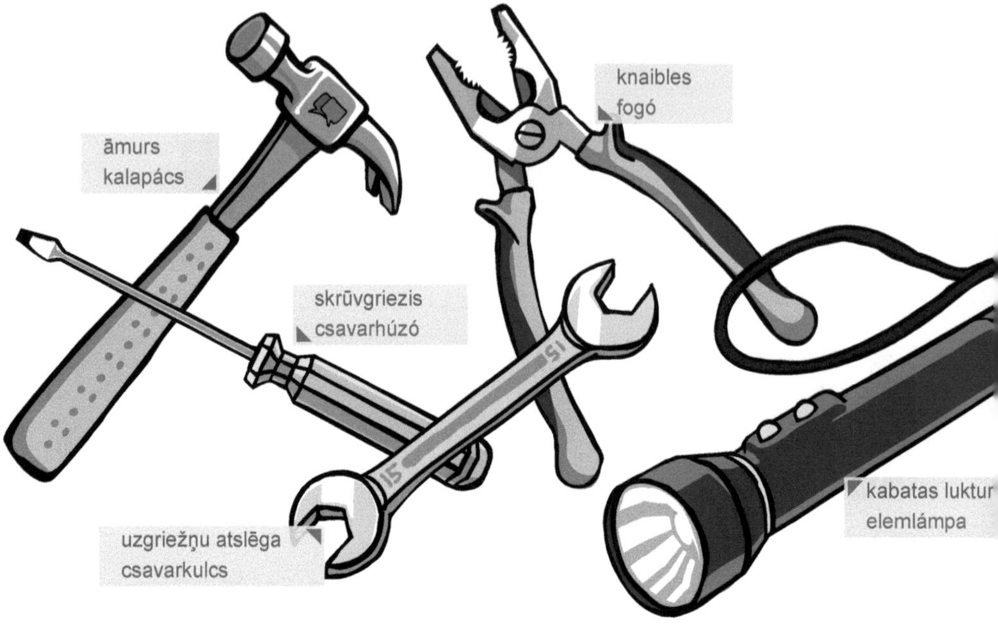

āmurs
kalapács
knaibles
fogó
skrūvgriezis
csavarhúzó
uzgriežņu atslēga
csavarkulcs
kabatas luktur
elemlámpa

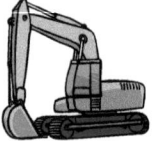

ekskavators

markológép

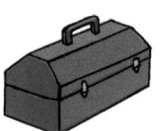

instrumentu kaste

szerszámosláda

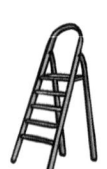

kāpnes

vödör

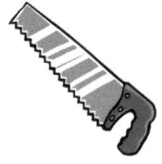

zāģis

fűrész

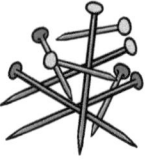

naglas

szög

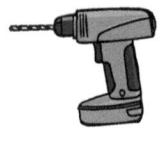

urbis

fúrógép

remontēt

megjavítani

lāpsta

lapát

Velns!

A francba!

liekšķere

szemétlapát

krāsas bundža

festékesdoboz

skrūves

csavar

mūzikas instrumenti
hangszerek

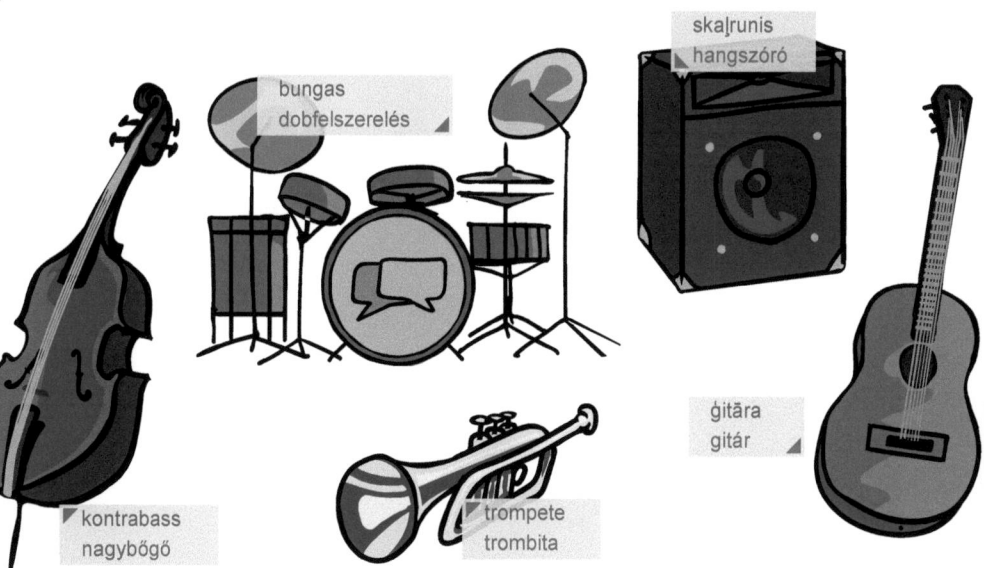

skaļrunis
hangszóró

bungas
dobfelszerelés

ġitāra
gitár

kontrabass
nagybőgő

trompete
trombita

klavieres

zongora

vijole

hegedű

bass

basszusgitár

timpāni

üstdob

bungas

dobok

digitālās klavieres

digitális zongora

saksofons

szaxofon

flauta

fuvola

mikrofons

mikrofon

zooloģiskais dārzs

állatkert

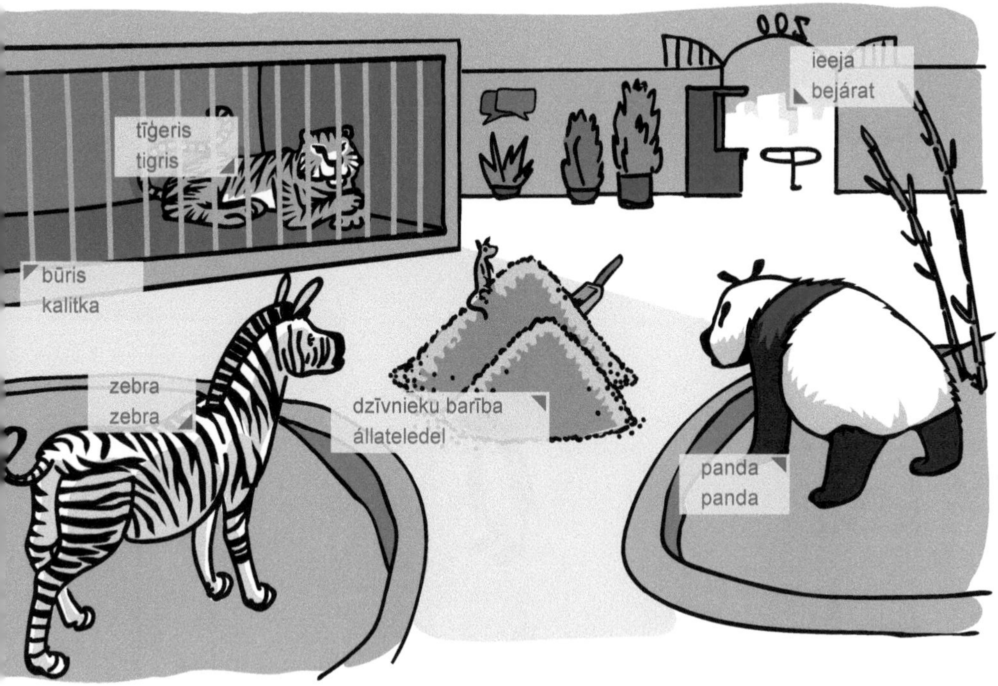

ieeja
bejárat
tīģeris
tigris
būris
kalitka
zebra
zebra
dzīvnieku barība
állateledel
panda
panda

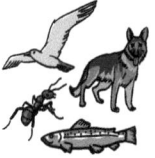

dzīvnieki

állatok

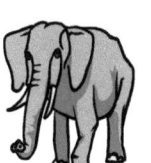

zilonis

elefánt

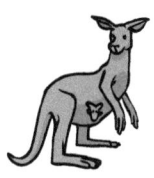

ķengurs

kenguru

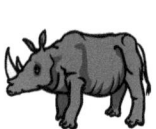

degunradzis

orrszarvú

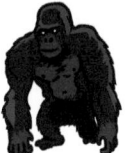

gorilla

gorilla

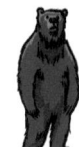

lācis

medve

kamielis
teve

strauss
strucc

lauva
oroszlán

pērtiķis
majom

flamings
flamingó

papagailis
papagáj

polārlācis
jegesmedve

pingvīns
pingvin

haizivs
cápa

pāvs
páva

čūska
kígyó

krokodils
krokodil

zoodārza sargs
állatgondozó

ronis
fóka

jaguārs
jaguár

ponijs
póniló

leopards
leopárd

nīlzirgs
víziló

žirafe
zsiráf

ērglis
sas

meža cūka
vaddisznó

zivs
hal

bruņurupucis
teknős

valzirgs
rozmár

lapsa
róka

gazele
gazella

amerikāņu futbols
amerikai futball

riteņbraukšana
kerékpározás

teniss
tenisz

basketbols
kosárlabda

peldēšana
úszás

bokss
boksz

hokejs
jégkorong

futbols
futball

badmintons
tollas

vieglatlētika
atlétika

rokas bumba
kézilabda

slēpošana
síelés

polo
lovaspóló

smieties
nevetni

lēkt
ugrani

apskaut
ölelni

iet
sétálni

dziedāt
énekelni

sapņot
álmodni

lūgt
dicsérni

skūpstīt
csókolni

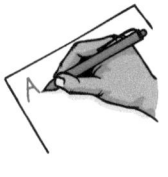

rakstīt

īrni

zīmēt

rajzolni

rādīt

mutatni

spiest

tolni

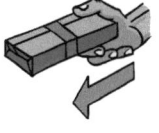

dot

adni

ņemt

vinni

būt
birtokolni

darīt
csinálni

būt
lenni

stāvēt
állni

skriet
futni

vilkt
húzni

mest
hajít

krist
esni

gulēt
hazudni

gaidīt
várni

nest
vinni

sēdēt
ülni

uzģērbt
felvenni

gulēt
aludni

pamosties
felébredni

skatīties

ránézni

raudāt

sírni

glāstīt

simogat

ķemmēt

fésülni

runāt

beszélni

saprast

megérteni

jautāt

kérdezni

dzirdēt

hallgatni

dzert

inni

ēst

enni

sakārtot

takarítani

mīlēt

szeretni

vārīt

főzni

braukt

vezetni

lidot

szállni

burot

vitorlázni

rēķināt

számol

lasīt

olvasni

mācīties

tanulni

strādāt

dolgozni

precēties

házasodni

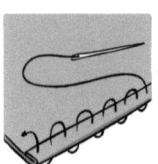

šūt

varrni

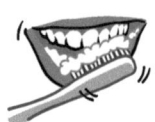

tīrīt zobus

fogat mosni

nogalināt

ölni

smēķēt

dohányozni

sūtīt

küldeni

ģimene
család

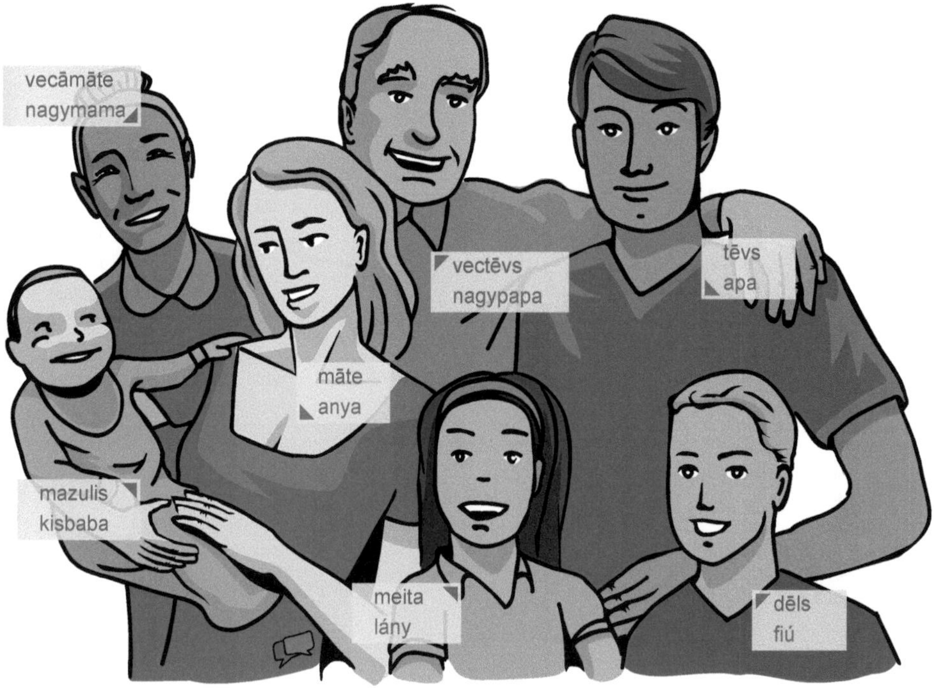

vecāmāte
nagymama
vectēvs
nagypapa
tēvs
apa
māte
anya
mazulis
kisbaba
meita
lány
dēls
fiú

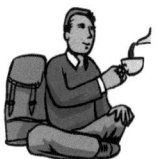

viesis

vendég

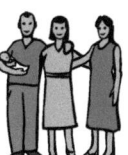

tante

nagynéni

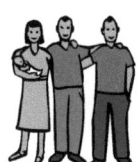

onkulis

nagybácsi

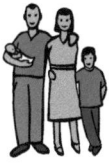

brālis

fiútestvér

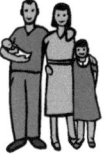

māsa

lánytestvér

ķermenis
test

piere
homlok
acs
szem
plecs
váll
pirksts
ujj
seja
arc
zods
áll
roka
kéz
kāja
láb
krūtis
mell
roka
kar

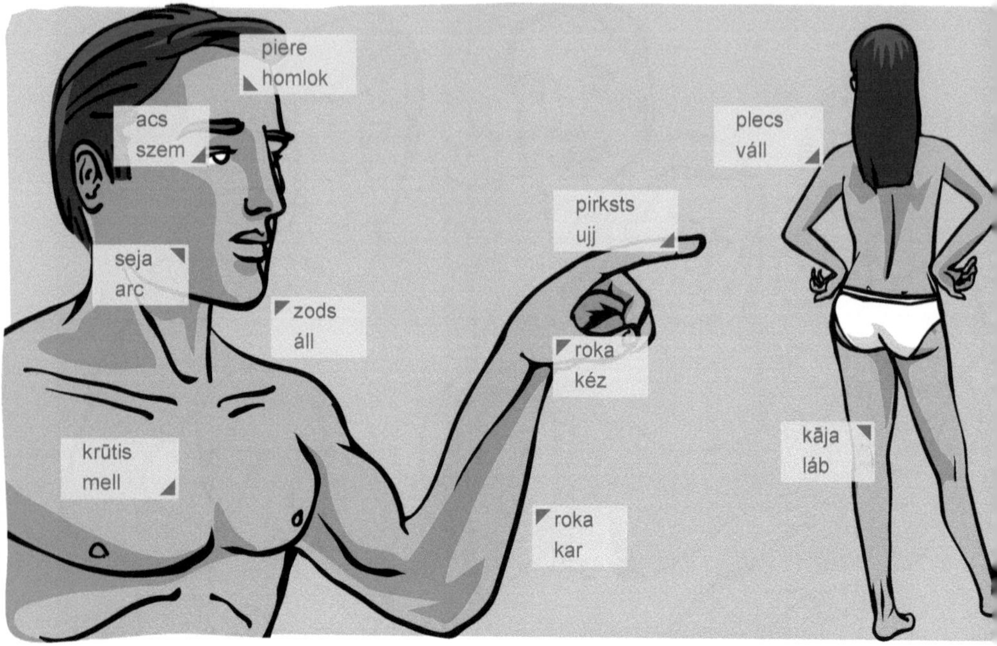

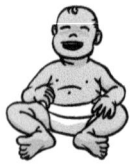

mazulis
kisbaba

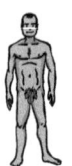

vīrietis
ember

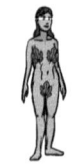

sieviete
nő

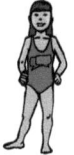

meitene
lány

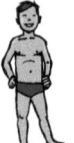

zēns
fiú

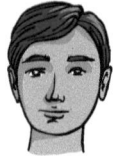

galva
fej

mugura

hát

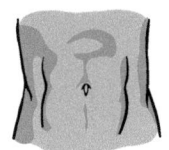

vēders

has

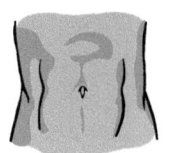

naba

köldök

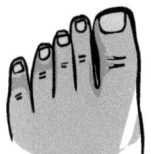

kājas pirksts

lábujj

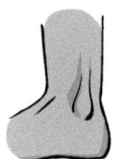

papēdis

sarok

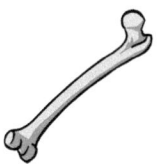

kauls

csont

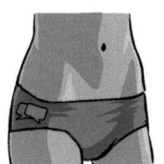

gurns

csípő

celis

térd

elkonis

könyök

deguns

orr

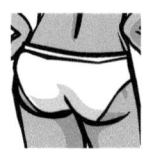

dibens

fenék

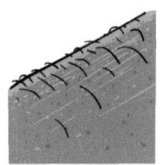

āda

bőr

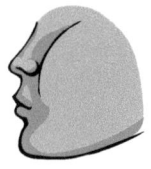

vaigs

orca

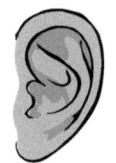

auss

fül

lūpa

ajak

mute
száj

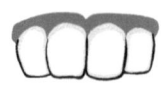

zobs
fog

mēle
nyelv

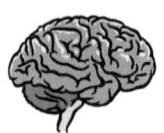

smadzenes
agy

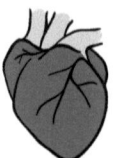

sirds
szív

muskulis
izom

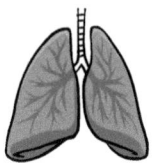

plaušas
tüdő

aknas
máj

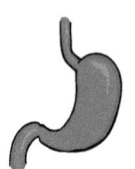

kuņģis
gyomor

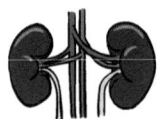

nieres
vese

dzimumakts
szex

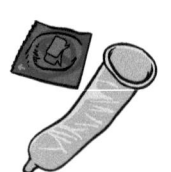

kondoms
kondom

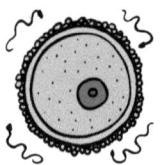

olšūna
petesejt

sperma
sperma

grūtniecība
terhesség

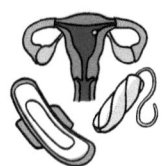

menstruācijas
....
menstruáció

vagīna
....
vagina

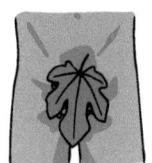

penis
....
pénisz

uzacs
....
szemöldök

mati
....
haj

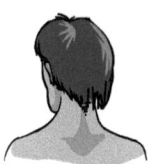

kakls
....
nyak

slimnīca
kórház

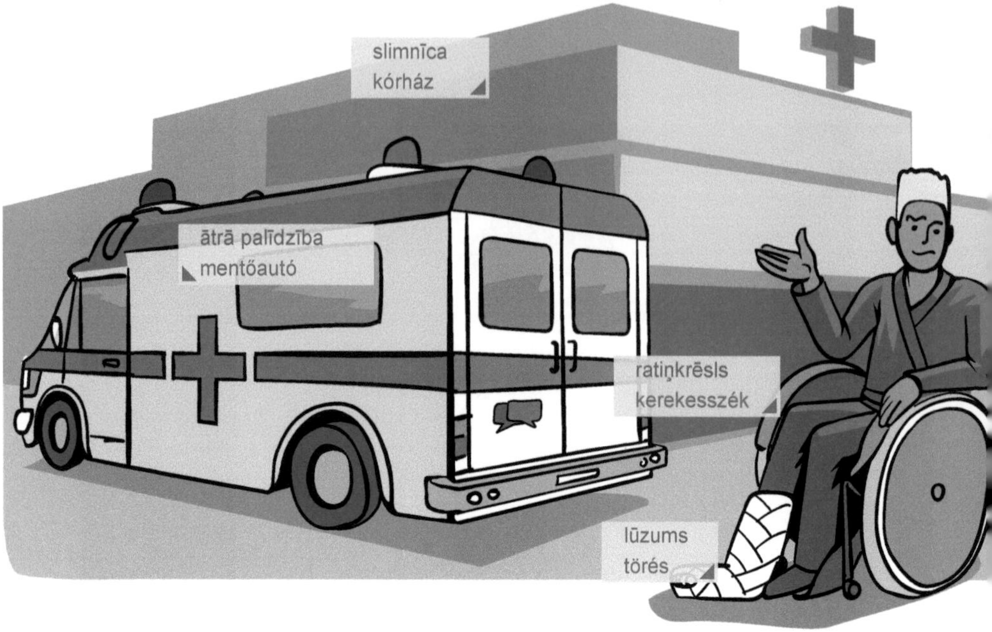

slimnīca
kórház
ātrā palīdzība
mentőautó
ratiņkrēsls
kerekesszék
lūzums
törés

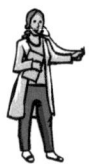

ārsts

orvos

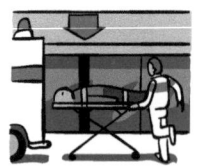

neatliekamās palīdzības nodaļa

sürgősségi osztály

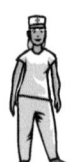

medmāsa

ápoló

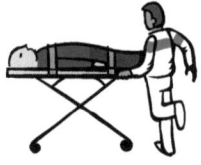

ārkārtas gadījums

vészhelyzet

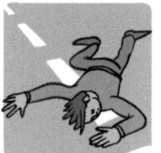

paģībis

eszméletlen

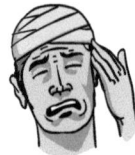

sāpes

fájdalom

ievainojums

sérülés

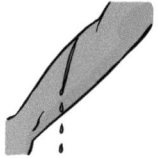

asiņošana

vérzés

sirdslēkme

szívroham

insults

szélütés

alerģija

allergia

klepus

köhögés

temperatūra

láz

gripa

influenza

caureja

hasmenés

galvassāpes

fejfájás

vēzis

rák

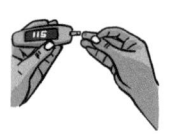

diabēts

cukorbetegség

ķirurgs

sebész

skalpelis

szike

operācija

műtét

datortomogrāfija
CT

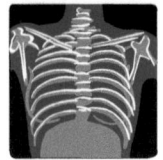

rentgents
röntgen

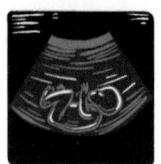

ultraskaņa
ultrahang

sejas maska
arcmaszk

slimība
betegség

uzgaidāmā telpa
váróterem

kruķis
mankó

plāksteris
sebtapasz

apsējs
kötszer

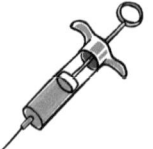

injekcija
injekció

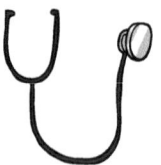

stetoskops
sztetoszkóp

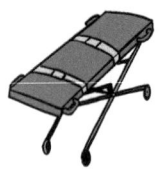

nestuves
hordágy

termometrs
klinikai hőmérő

dzemdības
születés

liekais svars
túlsúly

dzirdes aparāts

hallókészülék

dezinfekcijas līdzeklis

fertőtlenítőszer

infekcija

fertőzés

vīruss

vírus

HIV / AIDS

HIV/AIDS

zāles

orvosság

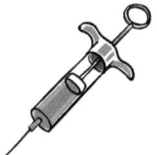

pote

oltás

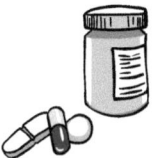

tabletes

tabletták

pretapaugļošanās tablete

tabletta

ārkārtas izsaukums

sürgősségi hívás

asinsspiediena mērītājs

vérnyomásmérő

slims / vesels

betegség / egészség

Palīgā!

Segítség!

trauksme

riasztás

uzbrukums

rajtaütés

uzbrukums

támadás

bīstamība

veszély

avārijas izeja

vészkijárat

Uguns!

tűz!

ugunsdzēšamais aparāts

tűzoltókészülék

negadījums

baleset

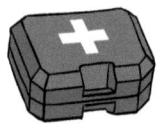

pirmās palīdzības aptieciņa

elsősegélycsomag

SOS

SOS

policija

rendőrség

Eiropa

Európa

Ziemeļamerika

Észak-Amerika

Dienvidamerika

Dél-Amerika

Āfrika

Afrika

Āzija

Ázsia

Austrālija

Ausztrália

Atlantijas okeāns

Atlanti-óceán

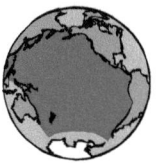

Klusais okeāns

Csendes-óceán

Indijas okeāns

Indiai-óceán

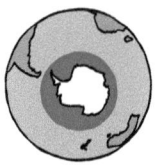

Dienvidu okeāns

Déli-óceán

Ziemeļu ledus okeāns

Jeges-tenger

Ziemeļpols

Északi-sark

Dienvidpols

Déli-sark

Antarktika

Antarktisz

zeme

föld

zeme

szárazföld

jūra

tenger

sala

sziget

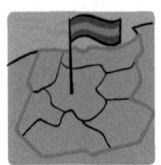

nācija

nemzet

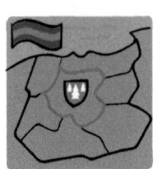

valsts

állam

ciparnīca

számlap

stundu rādītājs

kismutató

minūšu rādītājs

nagymutató

sekunžu rādītājs

másodpercmutató

Cik ir pulkstenis?

Mennyi az idő?

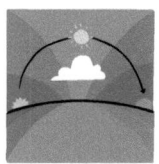

diena

nap

laiks

idő

tagad

most

digitālais pulkstenis

digitális óra

minūte

perc

stunda

óra

nedēļa
hét

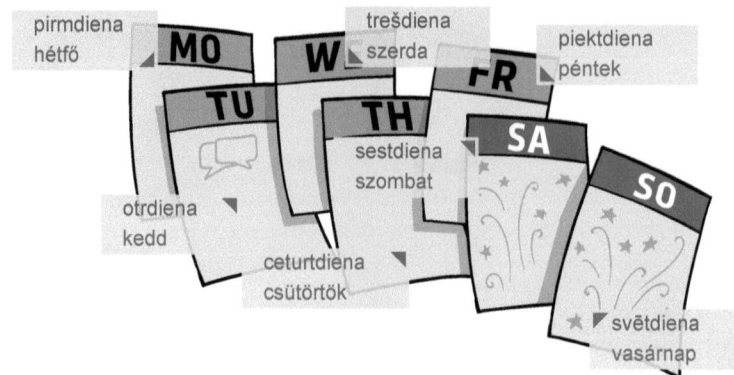

pirmdiena
hétfő

trešdiena
szerda

piektdiena
péntek

otrdiena
kedd

sestdiena
szombat

ceturtdiena
csütörtök

svētdiena
vasárnap

vakardien

tegnap

šodien

ma

rītdien

holnap

rīts

reggel

pusdienlaiks

dél

vakars

este

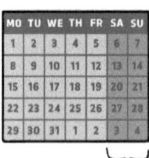

darbadienas

hétköznap

brīvdienas

hétvége

gads

év

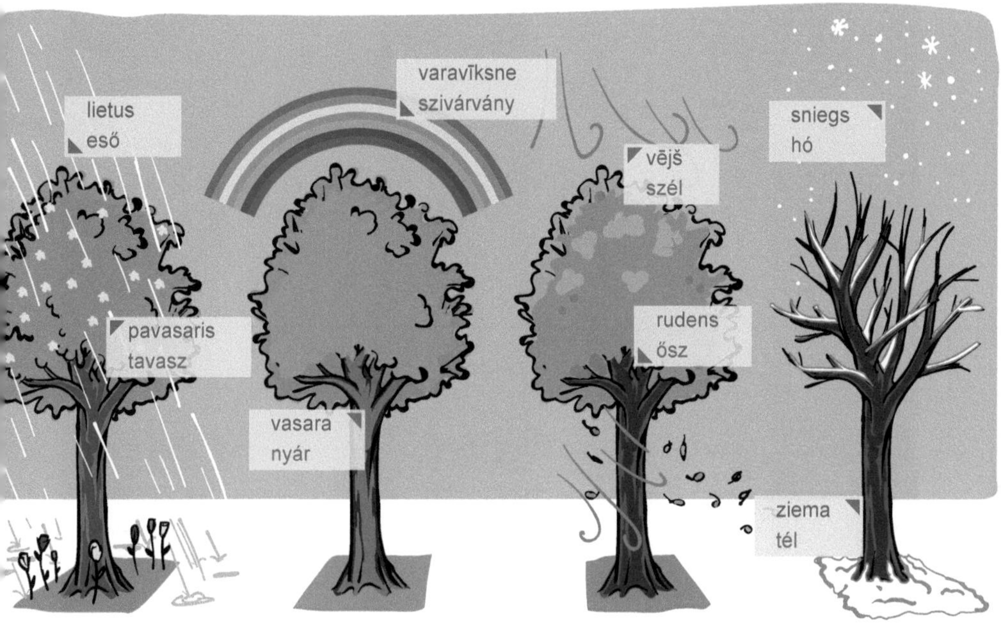
lietus
eső
varavīksne
szivárvány
vējš
szél
sniegs
hó
pavasaris
tavasz
rudens
ősz
vasara
nyár
ziema
tél

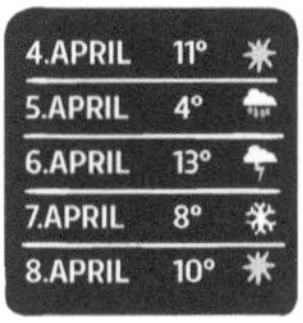
4.APRIL 11°
5.APRIL 4°
6.APRIL 13°
7.APRIL 8°
8.APRIL 10°

laika prognoze

időjárás előrejelzés

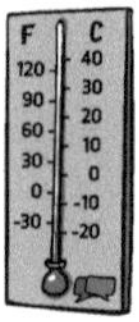
F C
120 40
90 30
60 20
30 10
0 0
-30 -10
-20

termometrs

hőmérő

saules gaisma

napsütés

mākonis

felhő

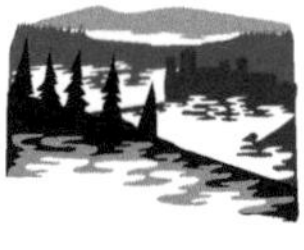

migla

köd

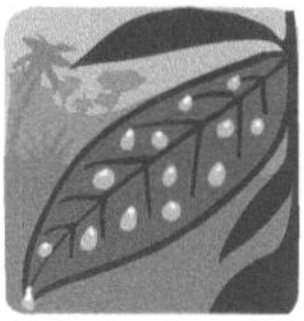

gaisa mitrums

páratartalom

zibens

villámlás

pērkons

mennydörgés

vētra

vihar

krusa

jégeső

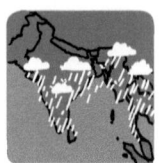

musons

monszun

plūdi

áradás

ledus

jég

janvāris

január

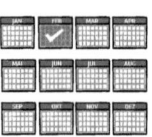

februāris

február

marts

március

aprīlis

április

maijs

május

jūnijs

június

jūlijs

július

augusts

augusztus

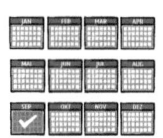

septembris
....
szeptember

oktobris
....
október

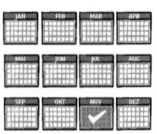

novembris
....
november

decembris
....
december

formas
alakzatok

aplis
....
kör

kvadrāts
....
négyzet

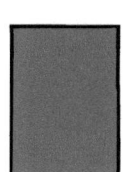

četrstūris
....
téglalap

trīsstūris
....
háromszög

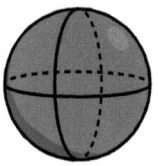

lode
....
gömb

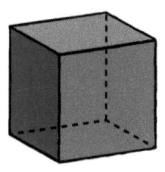

kubs
....
kocka

balts
fehér

dzeltens
sárga

oranžs
narancs

sārts
rózsaszín

sarkans
piros

lillā
lila

zils
kék

zaļš
zöld

brūns
barna

pelēks
szürke

melns
fekete

daudz / maz
....
sok / kevés

saniknots / miermīlīgs
....
mérges / nyugodt

skaists / neglīts
....
szép / csúnya

sākums / beigas
....
kezdet / vég

liels / mazs
....
nagy / kicsi

gaišs / tumšs
....
világos / sötét

brālis / māsa
....
fivér / nővér

tīrs / netīrs
....
tiszta / koszos

pilnīgs / nepilnīgs
....
teljes / nem teljes

diena / nakts
....
nappal / éjszaka

miris / dzīvs
....
halott / élő

plats / šaurs
....
széles / keskeny

baudāms / nebaudāms

ehető / nem ehető

nikns / laipns

gonosz / kedves

satraukts / garlaikots

izgatott / unott

resns / tievs

kövér / vékony

pirmais /pēdējais

első / utolsó

draugs / ienaidnieks

barát / ellenség

pilns / tukšs

teli / üres

ciets / mīksts

kemény / puha

smags / viegls

nehéz / könnyű

izsalkums / slāpes

éhség / szomjúság

slims / vesels

betegség / egészség

nelegāls / legāls

illegális / legális

inteliģents / dumjš

intelligens / buta

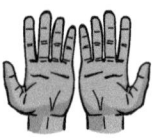

kreisais / labais

bal / jobb

tuvu / tālu

közel / távol

jauns / lietots
új / használt

nekas / kaut kas
semmi / valami

vecs / jauns
idős / fiatal

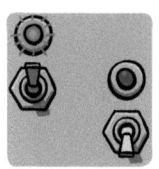

ieslēgts / izslēgts
be / ki

atvērts / slēgts
nyitva / zárva

kluss / skaļš
csendes / hangos

bagāts / nabags
gazdag / szegény

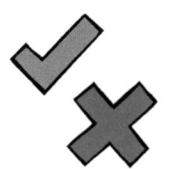

pareizi / nepareizi
helyes / helytelen

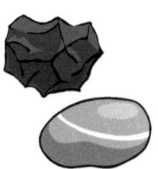

raupjš / gluds
érdes / sima

noskumis / laimīgs
szomorú / vidám

īss / garš
rövid / hosszú

lēns / ātrs
lassú / gyors

slapjš / sauss
nedves / száraz

silts / vēss
meleg / hideg

karš / miers
háború / béke

0	**1**	**2**
nulle	viens	divi
nulla	egy	kettő

3	**4**	**5**
trīs	četri	pieci
három	négy	öt

6	**7**	**8**
seši	septiņi	astoņi
hat	hét	nyolc

9	**10**	**11**
deviņi	desmit	vienpadsmit
kilenc	tíz	tizenegy

12
divpadsmit

tizenkettő

13
trīspadsmit

tizenhárom

14
četrpadsmit

tizennégy

15
piecpadsmit

tizenöt

16
sešpadsmit

tizenhat

17
septiņpadsmit

tizenhét

18
astoņpadsmit

tizennyolc

19
deviņpadsmit

tizenkilenc

20
divdesmit

húsz

100
simts

száz

1.000
tūkstotis

ezer

1.000.000
miljons

millió

angļu

angol

amerikāņu angļu

amerikai angol

ķīniešu mandarīnu valoda

mandarin kínai

hindi

hindi

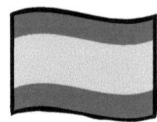

spāņu

spanyol

franču

francia

arābu

arab

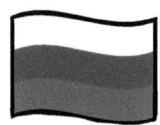

krievu

orosz

portugāļu

portugál

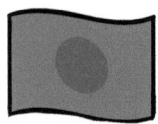

bengāļu

bengáli

vācu

német

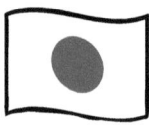

japāņu

japán

es
én

tu
te

viņš / viņa
ő

mēs
mi

jūs
ti

viņi / viņas
ők

kas?
ki?

ko?
mi?

kā?
hogyan?

kur?
hol?

kad?
mikor?

vārds
név

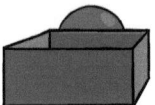

aiz

mögött

iekšā

benne

priekšā

elŏtte

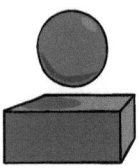

virs

felette

uz

rajta

zem

alatta

blakus

mellett

starp

között

vieta

hely